DESTINY

A PLAY OF WORDS

MIHIR DAVE

Made with ♥ on the Notion Press Platform
www.notionpress.com

Contents

Contents

1. The Truth of Love.

Safar Pyaar ka Masum sa,
Intazar beintaha Ikrar ka..
Mano Tadap uthe Zalak dekhne ko
Ek dushre ki,
Yehi Silsila hai Sachi chah ka..

2. Life Is Not Asthetic.

Nothing Happens At Just One Click,
It Takes Efforts Not So Basic,
To Turn Something Into a Relationship,
Which Seems Like a brick,
Not As Poetry So Artistic,
And Unlike Soothing Music,
But Like Life So Pathetic,
And A War So Heroic.
Everything Feels Like a Magic ,
And Sometimes Terrific,
But When It Forms,
It Creates a Bond So Fantastic,
With Lot Of Mistakes,
Some Traits So Toxic,
And The Truth That Strikes ,
Which Makes It Classic.

3. Meri Chahat Ka Kya Khena.

Sarafat Thi Mukhde Pe,
Mushkan Thodi Thodi.
Garmi Thi Zehno Mein,
Magar Lachili Zuban Thodi Thodi.
Aur Janab
Pair Dekhne Amber Juk Jaye,
Aankhein Maano Paheli.
Fir Zulfe Lehre Jarne Si,
Par Uski Chamak Jano Toh Dhandaar Haweli.

4. Pyaar Ki Awaz.

Bundo Ki Chalkar Mein,
Payal ki Chankar Mein,
Tani Hui Talwar Mein,
Kahi Bhare Hue Bazar Mein,
Yuh Dikhta Hai Ek Sirf Tera Hi Chera,
Na Jane Kyu Har Khubsurat Bahar Mein.

5. Kya Tum Aaoge?

Baat Karte Karte Jo Mai Sojaun,
Toh Kya Mere Sapno Mein Aaoge?
Agar Khete Khete Jo Mai Kho Jaun,
Toh Kya Apne Khayalo Mein Uljhaoge?
Agar Gate Gate Jo Mai Chup ho jaun,
Toh Kya Meri Awaz Ban Ke Dohraoge?
Aur..
Jo zarooratrein Jaruri Hai Mujhe
Kya Vo Bankar Mujhe Mehkaoge?
Ishq Mukamal Karna Hai Mujhe,
Kya Tum Meri Woh Shidad Wali Chahat Ban Paoge?

6. Best To Start With End.

Even The Stars We See,
Are Dead Till It Reaches Eyes,
And The Scars We Carry,
Already Made Us Feel Burnt Alive.
To Say, If The Attachment Is Strong,
Then So Will Be Pain,
All The Stories You Read In History,
Surely Makes Some Sense,
The End Is Just The Start Of The Game.

7. Mein Hoon Nah.

Jab Raasta Kuch Dur Sa Lagne Lage,
Teri Jeet Adhori Si Dikhne Lage,
Meri Ankhon Mein Dhudh Lena Tu Zara,
Tujhme Tujhe Har Chiz Puri Lagne Lage.

Meri Subha Teri Yaadon Se Hone Lage,
Tera Jaado Mujhe Yuh Kaabo Mein Karne Lage,
Mere Dil Se Puch Lena Tu Zara,
Tujhme Tujhe Har Chiz Khubsurat Lagne Lage.

Meri Baaton Mein Tera Zikr Hone Lage,
Teri Raat Mujh Chand Bina Adhuri Lagne Lage,
Mere Sabdo mein Padh Lena Tu Zara,
Tujhme Tujhe Har Chiz Khush Lagne Lage.

Jab Akhir Mein Manzil Karib Aane Lage,
Teri jeet Tujhe Aakr Choone Lage,
Meri Aankhon Mein Dhundh Lena Tu Zara,
Tujhme Tujhe Har Chiz Kabil Lagne Lage.

8. Forever Promise.

My Care Will Express the Love... I Promise,
My Innosence will touch your heart...I Promise,
My Support will make you fly...I Promise,
My Kindness will serve you as a QUEEN...I Promise,
My Heart will always be your house...I Promise,
Although my mood is like a SeaShow...,
Remember my Efforts will Never Loose Hope... I Promise,

And Yess.....
My Eyes will be in Search of yours,
My Cheeks will Search the Lips of yours,
My Hug will Search the Soul of yours,
My Thrust will search the Unconditional Love of yours,
My Sleep will search the Dreams of yours,
My Focus will search the Disturbance of yours,
My Rudness wil search Cutness of yours,
My Existance need the Presence of yours,
My Freshness needs the Fragnance of yours,
At Last I Want to just say is.... My whole Life revolves around yours..

9. Mera Sab Ho Tum.

Suraj Ki Kirano Si,
Sham Mein Madhur Rag Si,
Ek Sundar Kahani Ho Tum.
Bachana Chahu Duniya Se,
Aisi Koi Zindagani Ho Tum.
Mano Raaz Khud Hi Ke,
Khudse Chupati Ho Tum,
Eemaan Tha Ki Milogi Mujhe,
Par Ish Bheed Mein Aadhe Chand Si Ho Tum.

10. A Photographer.

Peshe Se Musavvir Woh,
Baat Tasveeron Ki Karta Tha.
Sham Ki Gehri Kahaniyon Mein,
Aapne Raaz Izafa Karta Tha.
Koi Shayari Si Thi Ush Mein,
Muraqqa Ho Aise
Dil ko Khush kar Jata Tha..

(Musavvir-Photographer,
Izafa-To Add,
Muraqqa-Album)

11. Thodi Tujh Si Hu.

Iss Duniya Mein Nazariya Dhundhti Hu,
Woh Ankhein Jinhe Mai Kafi Lagti Hu.
Subha Ki Dhoop Aur Raat Ki Chandni,
Kisi Gehri Kahani Si Lagti Hu.
Dil Ki Chahat Lafzo Mein Kehti Hu,
Ishq Ko Khudse Dur Hi Rakhti Hu,
Mai Samaj Nahi Pati Khudko,
Magar Mai Jaisi Hu Bas Kahi Tumsi Lagti Hu.

12. Khubsurat Wafa.

Ki Pairo Ke Nishan Bhi Uske,
Wafa Ki Dashtak Dete Hai.
Hum Suraj Ke Sath Uski Yaadon Mein Rhete Hai.
Aur..
Agar Woh Bund Hai Toh Ghulna Chahte Hai Uske Sath,
Agar Koi Chatt Hai Toh Guzara Karna Chahte Hai Uske Sath,
Yuh Toh Lakh Samjaya Mehfil Ne Hume,
Pyaar Ek Galti Hai.
Agar Sach Mai Hai Toh Woh Dohrana Chahte Hai Uske Sath.

13. White Charm.

Hawa Lehri..Zulfe Lehri,
Toh Dekh Lehri Dil Ki Dorr.
Ankhein Palkhi..Mushkaan Sharmai,
To Dekh Husan Ne Machaya Shor.
Fir Pallu Lehra..Iman Lehra,
Toh Dekh Hawa Mein Lehra Ishq Ghanghor.
Yuh Fir Nazarein Tiki..Baatein Mili,
Sab Sunn Sase Padi Kamzor.

14. One Day Fear.

Fasla Abhi Bana Nahi,
Fir Bhi Khauf Ush Manzar Ka Hai.
Aur..
Chand Abhi Dhala Nahi,
Fir bhi Khauf Suraj Se Jalne Ka Hai.
Murshad..
Yuh Toh Ishq Mai Dard Aur Usmai Khata..
Yeh Sab Bato Ki Batein Hai,
Par Sache Pyaar Ka Matlab Toh,
Mulayam Se Malli Hui Saugatein Hai.

15. Just To Catch My Match.

Look Up To The God,
And Try To Take High Fly.
I Will Be Your Wings And I Will Be Your Sky.

Look Up To The Mountains,
And Try To Take High Climb.
I Will Hold Your Hands, While I Will Not Be So Shy.

Look Up To The Sun, And Try To Take High Rise,
I Will Be Your Wings, And I WIll Be So Kind.

But Please My Charm..
Look Up In My Eyes,
When World Says Me Love With Blind.
You Should Be My Colour And Reason For My Lify..

16. Gunhegar

Alfazz Uske Kar Gaye Baya Bohot,
Hamare Zindagi Ke Lamhe Bhi Musafir Se Bhatakte Rhe Gaye...
Yuhi Woh Karzdaar Bann Gaye,
Hum Gunhegar Rhe Gaye.

17. Anjane Musafir.

Intazar Mein Baithe Hai Mere Alfaz Uski,
Bichare Tarif Kare Bhi Toh Kare Kiski?
Yaha Masum Si Chahat Liye Baithe Hai,
Badhaya Hai Ek Kadam Sachai Ki Aur,
Pata Nahi Musafir Bane Toh Hai Rah Ki,
Par Le Jayega Hume Kis Aur....

18. Dosti Ke Char Pal.

Dosti Se Bandhe Rhe, Dur Jake Bhi Kahin.
Ushka Toh Rooth Jana Bhi Gawara Hai Mujhe,
Ki Ek Shaqs Hai Jo Sabse Pyaara Hai Mujhe,
Uske Hone se Mujme takkat Hai,
Woh Hai Toh Duniya Se kya Hi Bagawat hai,
Mai Ro Bhi Du Toh Woh Udas Ho Jata Hai,
Meri Har Khushi Se Khush Ho Jata Hai,
Waise Toh Nadan Hai Woh Magar,
Meri Har Khamoshi Ka Matlab Samajh Jata Hai.
Socha Na Tha Aisi Dosti Hoti Hai Suhani,
Koi Matlab Puche Dosti Ka Toh Uski Hi Hoti Hai Kahani,
Uske Sath Har Pal Acha Sa Lagta Hai,
Uske Bina Toh Jaise Yeh Dosti Ka Dhagga Kacha Sa Lagta Hai.
Yuh Hi Nahi Jhil Si Gheri Hai Dosti Humari,
Woh Khud Udassa Hokar Bhi Meri Hasi Ko Sambhal Leta Hai.

19. Pair Made In Hell.

She Was Not Mine To Keep,
Yet I Loved Her In Many Ways,
What We Had For A Moment,
That Could Have Lasted Forever,
Only If Our Faith Didn't Came In Our Way.
My Heart Still Weeps For Her Warmth,
As I See Her In My Solitude,
This Week Reminds Me Of Everything ,
That Could Have Been But Yet It's Not,
What Should I Do Please Tell Me,
Even My Tears Are No Where To Be Seen,
Wish I Could See Her Again For Last Time,
So My Soul Could Get To Know,
What It Meant To Be Alive And Not Scream.

20. Mano Thode Hi Pal Rhe Gaye Hai.

Kiya Tha Suru Jo Silsila Hasi Ka,
Ab Bas Aanshu Rhe Gaye Hai.
Hasti Pyaari Yaadein Ho,
Yah Mushkurati Hui Fizaayein,
Uske Kiye Gaye Waade Ho,
Yah Ho Woh Behladene Wali Baatein,
Ab Sab Mein Bas Darare Rhe Gayi Hai.
Ajj Unh Palkhon Mein Nami Rhe Gayi Hai,
Jaise Do Pyaare Dil Ki Kahani Adhuri Rhe Gayi Hai.
Pata Nahi Jiska Mushkurana Bhi Kabhi Ruka Nahi Karta Tha,
Ajj Uske Zehen Mein Bhi Ishq Ki Kami Rhe Gayi Hai.

21. Kyu Hota Hai?

Kyu Hota Hai Savera, Jab Chein Hi Na Ho Ush Roshni Mein?
Kyu Deta Hai Koi Dard, Jab Himmat Hi Na Ho Unh Aankho Mein?
Kyu Lagata Hai Koi Gale Se, Jab Pyaar Hi Na Ho Unh Baho Mein?
Kyu Thamta Hai Koi Hath, Jab Chhod Na Hi Ho Unh Raho Mein?

22. Kanha Sa.

Kanha Sa Pyaar Na Jane Kab Hoga,
Zindagi Se Rubaru,
Nafrat Se Fasla Na Jane Kab Hoga.
Aur, Fir Shayad Panne Badlenge Nasib Ke,
Par Ankh Se Ankh Milane Wala Ishq Na Jane Kab Hoga.

23. Do Sabd Maa Baap Pe.

Parda Karna Hai Mujhe Iss Gavlok Se,
Aur Baho Mein Thamna Hai Junoon.
Yuh Sapne Sajoke Rakhe Hai Bade Bade Maa-Baap Ne,
Lana Hai Unke Chehre Pe Ek Baar Guroor.
Aur Sabhyata Chodke Ayashi Manaye,
Janab Aise Bhi Nahi Hamare Fitoor.

24. Sirf Tujhse Hi.

Tum Dhoop Ho,
Mai Hu Subha,
Tum Pyass Bhi Aur Mera Khuda.
Jaaun Kahi Bhi, Tum Sath Ho,
Jaha Naa Rahu, Toh Le Chal Waha.
Mukkamal Na Ho Yeh Ishq Bhi,
Par Behtarien Hai Tera Dard Bhi.
Teri Baatien Ho,
Aur Tu Naraz Bhi,
Teri Maujoodgi Ho,
Jo Ho Haseen Badi.
Doob Jaun Mai,
Jaise Koi Samundar Si,
Mera Har Safar Ho,
Sirf Tujhse Hi...

25. Kuch Acha Sa Lagta Hai.

Har Shaqs Se Anjan Thi,
Ab Har Koi Pehchana Sa Lagta Hai.
Teri Ishq Ki Hawayon Mein Rehke,
Ab Yeh Sheher Apna Sa Lagta Hai.
Dhudhti Thi Sukoon Jaha,
Ab Har Woh Kinara Teri Baatein Karta Hai.
Bhale Teri Ankho Se Dur Bhi Rahun,
Magar Meri Yaadon Mein Tu Har Dum Sans Leta Hai.
Waise Toh Khubsurat Hai Yeh Duniya,
Magar Tu Kuch Jyada Hi Pyaara Sa Lagta Hai.
Tujhe Pana Hi Khwahish Thi Meri,
Tera Mujhsa Hona Ek Sache Sa Ehsaas Lagta Hai.
Tujhse Baatein Hoti Nahi Ab,
Magar Yuh tera Meri Baaton Me Hona Kuch Acha Sa Lagta Hai.

26. Crying Blood.

There Are Days Where I Bleed,
For A Love That Could Never Be,
Her Memories Make Me Think,
What Our Life Could Have Been.
There She Is In Front Of Me,
Every Time I Go To Sleep,
Waiting For Me In a World,
Where Our Love Means Something,
It's Been A Year Since I Met Her Eyes,
Which Made Me Realise about Life.
How This One Girl Born In June,
Became My Heart's Favourite Tune.
They Say I Should Stop Thinking Of Her,
What Really Does This Lost Souls Knows,
That How Long It May Have Lasted,
Her Soul Gave Me An Everlasting Hope.
So I write And Dream About Her,
Until Eternity Arrives At My Door,
Then One Day We Could Met Again,
In a Distant Field Under a Cherry Blossom Tree.

27. Shayad.

Unko Haste Toh Har Roz Dekha Tha,
Shayad..
Kahi Unhe Hamari Mushkan
Ki Bhi Fikar Ho...

"Jaise"

Mahakte Phul Ko Toh Har Log Ne Nihara tha,
Shayad..
Kahi Uski Kali Ki Bhi Thodi Bohot
Kadar Ho...

28. Nazarandaz.

Mujhe Bheja Tha Khuda Ne Duniya Dekhne Ko,
Mai to Bas Ek Mukhda Takte Rhe Gaya.
Fir Sab Ki Tarah Sapne Gunta Gaya,
Sitaro Mein Banayi Hui Uski Tashvir Ko Chumta Gaya,
Uski Khwabo ki Duniya Mein Lipatta Gaya,
Dil Mein Kahi Gayi uski Awaz ko Chumta Gaya,
Par Ajj Mai Yeh Hosh-Eh-Awaz Mein Kheta Hu,
Woh Bass Ek ittafaak Rhe Gaya.

29. Kaise Samjau Tumhe?

Kuch Yuh Meri Aankho mein Baste Ho Tum,
Kaise Dikhau Tumhe?
Mere Khayalo Ki Khwashish Ho Tum,
Kaise Kahun Tumhe?
Kuch Ish Tarah Meri Zuban Pe Naam Hein Tumhara,
Kaise Pukaru Tumhe?
Meri Zindagi Ki Roshni Ho Tum,
Kaise Lafzon Mein Utaru Tumhe?
Kitabo Mein Base Raaz Ho Tum,
Kaise Duniya Se Sambhalu Tumhe?
Kuch Yuh Mujh Par Aasar Hai Tumhara,
Kaise Haal Sunaun Tumhe?
Har Kisse Ka Hissa Ho Tum,
Kaise Kahaniyan Batau Tumhe?
Kuch Mile Toh Batana Zara ki,
Kaise Samjhaun Tumhe?

30. Expect Not To Be True.

Vakt ke Yeh Aitrazz ne Dekho
kya Sitam Banadiya,
Hume Tumse, Mano To Meri Jaan Se Miladiya..
Aur
Bicchad Na Hum Dono Ka,
Yeh Munasif Toh Nahi Aih Khuda..
Agar Aisa Hua Toh Tune Jiteh Jih Narak Ka Aishaas
Karadiya..

31. Khudse Mulakat.

Kal Raste Mein Parchai Se Mulakat Ho Gayi,
Baat Karke Yuh Laga Ki Khudse Pehchan Ho Gayi.
Aur..
Fir Pucha Hal Ish Dard-Eh-Dil Ka,
Sach Mano Toh Tabhi Gum Ki Barshat Ho Gayi.

32. Break Down.

Love had made me cried...
Another will be your turn ,
Reason will be Mine...
Heart will be your Burn.
Laughing on Bank Balance of Mine,
One day I will be in Stage and
You will be on Line.

33. Ishq Ke Marhiz.

Malham Laga Iss Ruh Pe...
Dafna na Kaha Adda Hai Teri..
Jata Apna Par Dur Se...
Khoon Mein Hi Fitrat Bewafa Jo Theri..

34. Tu Khas Hai!

Tu Udass Hokar Bhi,
Khub Nikharta Hai,
Tu Aashman Ka Woh Sitara Hai Jo,
Bhid mein Bhi Alag Chamakta Hai.
Teri Baaton Mein Tera Jism Mehakta Hai,
Tu Na Hokar Bhi Mujhme Sada Rheta Hai,
Yeh Duniya Mein,
Mai Tere Bina Awara Bhatakta Hu,
Tu Kahin Sambhla Hua ,
Kisi Kone Mein Basta Hai,
Tu Sada Khush Rhe,
Yahi Khayal Mere Zehen Mein Guzarta Rheta Hai.

9 798889 864424

Printed by Libri Plureos GmbH in Hamburg, Germany